今からおよそ1年前。
何かの間違いで書籍化された『妄想国語辞典』は、
何かの間違いでご好評をいただき、
何かの間違いでいろいろなメディアにも紹介していただきました。

まだ存在しない日本語を妄想で開発し、
勝手に発表していくという、この実に不毛な企画。
それがなぜ、想像以上に多くの人に受け入れてもらえたのか。
その答えは、妄想し尽くしても出てきそうにありません。

そしてまさかの第二弾。もはや意味不明です。

今回、「妄想癖のある男」を演じていただいたのは、
俳優の松重豊さん。

妄想国語辞典 2

野澤幸司

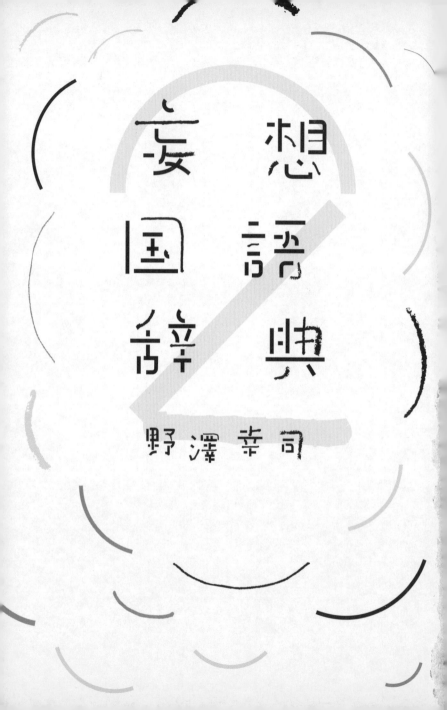

下北沢に事務所を構える建築家で、
仕事に行き詰まると街をふらつき、
いらぬ妄想してしまうという癖の持ち主……。
そんな男の、ある一日を写真で切り取ってみました。

そして前作と同様、僕の独断と偏見に満ちた言葉が
嫌というほど出てきます。
共感できるか！ というものも、きっとあります。
というかほぼそうかもしれないので、先に謝っておきます。

しばしの間、他愛ない妄想にお付き合いください。

野澤幸司

あ

愛人と海外旅行

【意味】リスクを恐れない様《さま》。

【例文】あのチームは、後半になって蘇った。すべてのメンバーが愛人と海外旅行しながら、果敢にゴールに迫っていた。

ITで当てて宇宙へ

【意味】ありがちな流れ。

【例文】この主人公の助手役の彼、めちゃくちゃいいやつだけど、絶対、黒幕。わかりやすくITで当てて宇宙へだね。

赤羽在住の下戸《げこ》

【意味】資産を活用しきれていない様《さま》。

【例文】最近の若者はお金を貯めるのはうまいが、赤羽在住の下戸が多いのも事実。

朝が弱い豆腐店

【意味】適性がないこと。

【例文】どれだけ努力をしても、朝が弱い豆腐店では大成することはない。残酷な話だが、事実そうなのだ。

アシスト自転車でダイエット

【意味】覚悟が足りないこと。

【例文】独立して会社を起こしたいのはわかった。ただな、俺にはおまえがアシスト自転車でダイエットしているように思えて仕方ないんだ。

明日から痩せます

【意味】意志の弱さの表れ。

【例文】やっぱり男性には決断力を持ってほしい。私が彼と別れたのは、明日から痩せますを感じたからです。

あなたの収入が少ないから

【意味】とどめを刺すこと。

【例文】ほら、苦しそうにのたうち回ってるじゃないか。ひと思いにあなたの収入が少ないからしてやれ。

アヒージョで舌ヤケド

【意味】ありがちな流れ。

【例文】このあと主人公の昔の彼女出てくるでしょ……。うわ！　本当に出てきた！　アヒージョで舌ヤケドだわあ。

アメリカのオーディション番組

【意味】大げさで滑稽《こっけい》な様《さま》。

【例文】ブラジルのエースである彼は、テクニックは超一流。けれどファウルを誘おうとする姿はアメリカのオーディション番組だ。

謝らない政治家

【意味】結果的に自分を追い込んでしまうこと。

【例文】彼女はまじめな性格で反省しすぎてしまうところがある。それが謝らない政治家につながってしまうんだ。

アルデンテと生ゆで

【意味】紙一重な様《さま》。

【例文】高校生で将棋の王者になった吉田くんは、漢字は小学生レベルらしい。天才とバカはアルデンテと生ゆでなんだな。

異国の地でレンタカー

【意味】相応の覚悟が必要なこと。

【例文】異国の地でレンタカーがなければ、企業のトップはつとまらない。従業員の生活を背負っているのだから。

居酒屋のオススメメニュー

【意味】利益率が高いこと。

【例文】私たちの業界のいいところは、原価なしでアイデアさえあればよい、という点。極めて居酒屋のオススメメニューなんです。

一曲も歌わない

【意味】空気が読めないこと。

カラオケに行くといろんな人がいる。率先して盛り上がる曲を歌う人、意外とナルシストな歌い方をする人、普段控えめなのにやたら堂々としている人……音程がずれてようが歌詞を間違えようが、なんだっていい。そう、ちゃんと自分をさらけ出しているのだから。カラオケはうまいとか下手とかじゃなく、それぞれが自分を開いて、みんながそれを受け入れる場であってほしい。そんな中、選曲するリモコンを私物のように独占し、人に歌わせるだけ歌わせ、自分の番が回ってこないようにコントロールしているやつがときどきいる。自分をさらけ出すことなく、レモンサワー片手にみんなを見ている。順番が来そうになるとトイレに逃げる。タオルで隠しながら温泉に入ってくるやつと同じなのだ。おまえの歌唱力や股間など、こちらからしたらどうでもいいことなのに。

一生のお願い

【意味】定期的に発生する事象。

【例文】あの国とあの国の領土問題は、決して今に始まったことじゃない。むしろ一生のお願いである。

いやー暑いっすね

【意味】中身のない会話。

【例文】いやー暑いっすねを省いていけば、会議はもっと効率的になり、無駄な残業も減る。これからの企業に必要な考え方だ。

インド映画

【意味】かなりの時間を要すること。

【例文】あの立てこもり犯の動機は、金じゃないらしい。これは事件解決までインド映画になりそうだな。

インバウンドの意味

【意味】誰も真実をわかっていない様《さま》。

【例文】確かな物的証拠が見つからない今、この事件は、加害者と被害者以外、インバウンドの意味だ。

うどんの塩分量

【意味】想像を超えること。

【例文】今年の猛暑はうどんの塩分量だ。まさか40℃を超えるとは。参った参った。

うふふと笑う女子

【意味】最後に勝ち残る人。

【例文】ビジネスの世界でも、けっきょく目の前の一人を大切にできる人が、うふふと笑う女子になれるのです。

裏声で歌いきる

【意味】折れない心。

【例文】歴史上の偉人たちは、才能だけに恵まれていたわけではない。彼らはみな、裏声で歌いきっていたのだ。

産んでくれてありがとう

【意味】なかなか言えない言葉。

【例文】このＣＭのコピーさ、ありがちなものに見えるけど、実は産んでくれてありがとうだよな。

SNSの誕生日おめでとう

【意味】表層的で心がこもっていない様《さま》。

【例文】娘が連れてきた彼氏は、爽やかな青年だった。けれどなんだろう。どこかSNSの誕生日おめでとうを感じたんだ。

大型バイクで幼稚園送迎

【意味】場にそぐわない選択。

【例文】あの人着てるのジャージっぽくない？ さすがに結婚式の披露宴であれは大型バイクで幼稚園送迎よね。

オーケーオーケーセンキューセンキュー

【意味】　英語がしゃべれないこと。

海外でスマホの翻訳アプリを使って店員と会話をしようとしていたら、隣のレジに日本人のおばちゃんがやってきた。試着したのか？とか、支払いはカードか？とか店員はいろいろと尋ねているのだが、そのおばちゃんはオーケーオーケーセンキューセンキュー、しか言わない。一方僕は、翻訳アプリがうまく機能せずあたふたしている。結果的には、あとからレジに来たおばちゃんの方が先に帰っていく……。ああ、僕が受けてきた英語教育とはなんだったのだろう。大人になってからひとつずつ獲得してきた、スマホやPCのデジタルスキルとはなんだったのか。オーケーオーケーセンキューセンキュー＝英語がしゃべれない人と意味はつけてみたけれど、この言葉を堂々と使い抜くメンタルを持つ人の方が、よっぽどグローバルな人なのかもしれない。OMG……。

起きたら夕方

【意味】ものすごく損した気持ちになること。

【例文】ポイントの有効期限に気づかずに、毎月ちょっとずつ失効してたみたい。はあ、起きたら夕方だな。

お言葉ですが

【意味】ちょっとキレている様《さま》。

【例文】先ほどの挑戦者の右アッパーが結構きいたんでしょうね。チャンピオン、お言葉ですがに見えますね。

おじさんの糖質制限

【意味】本人以外はどうでもいいこと。

【例文】おじさんの糖質制限なのかもしれないけど、やっぱり女子としては、ノーメイクでは家を一歩も出られないかな。

おじさんの鼻炎

【意味】目も当てられないこと。

【例文】今回の政治家のスキャンダルは、モラルと知性のレベルがあまりに低すぎで、おじさんの鼻炎です。

おつかれした

【意味】相手を尊敬していない様《さま》。

【例文】あいつが先輩たちからあまりかわいがられないのは、おつかれしたなところが伝わってるからなんだろうな。

男のマニキュア

【意味】強めの主義主張。

【例文】これからは、サラリーマンでもノンポリではやっていけないでしょう。一人ひとりに男のマニキュアが求められる時代です。

大人になってからピアノを習う

【意味】モテたい気持ちの表れ。

【例文】あいつ、見た目はいいんだけどさ、どこか大人になってからピアノを習ってる感じが出ちゃってんだよなあ。

おビールおタバコ

【意味】丁寧すぎて不自然な様《さま》。

【例文】同い年なんだからタメ口でいこうよ。うちらの会話、周りから見たらおビールおタバコだよ。

俺もあんな顔に生まれてたらなあ

【意味】問題は中身にあること。

【例文】機体を見る限り、大きな問題点は見当たりません。おそらくエンジン系統で俺もあんな顔に生まれてたらなあかと。

お笑いコンテストで優勝

【意味】仕事が爆発的に増えること。

【例文】インバウンドの効果により、日本の文化を押し出した店ほどお笑いコンテストで優勝しているらしい。

温泉の体重計

【意味】試すかどうか悩むこと。

【例文】もしあなたが人生で温泉の体重計の場面に遭遇したら、迷わず試してください。きっとそれが正解だから。

温泉旅行でクタクタ

【意味】本末転倒な様《さま》。

【例文】人気を得ようと大声で演説して、結果的に嫌われてしまう候補者。それじゃあ温泉旅行でクタクタだと思う。

か

カード使えないタクシー

【意味】ハラハラドキドキすること。

【例文】娘の運動会。リレーに参加した娘がバトンを受けとったとき、カード使えないタクシーは最高潮を迎えた。

海外で知り合いに会う

【意味】運命を感じる瞬間。

【例文】芸能界でのデビュー作品がこの映画だったことは、僕にとって海外で知り合いに会うでした。

学園祭前夜

【意味】胸の高鳴り。

【例文】この歳になると、学園祭前夜が足りないのよね。何かときめくことないかしら。

カスを落とさずクロワッサン

【意味】ものすごい集中力が求められる状況。

【例文】カーレーサーは、レースの間ずっと、カスを落とさずクロワッサンである。命がけなのだから。

ガチを多用する教師

【意味】信憑《しんぴょう》性が低いこと。

【例文】主文、被告人を○○に処す。被告の主張は終始ガチを多用する教師であり、信じるに値する証拠もないためである。

かつてのやんちゃアピール

【意味】かなりイタい様《さま》。

【例文】あのタレントの不倫釈明会見見た？　ホテルで打ち合わせって、言い訳がかつてのやんちゃアピールなんだけどw

家電に弱い男

【意味】頼りない様《さま》。

【例文】日本の外交は、家電に弱い男にしか見えない。これまで事なかれ主義でやってきたツケが回ってきたのでしょう。

かわいいと言われたい男

【意味】中身が空っぽな様《さま》。

【例文】スイカをこうやって叩いてみてください。その音で、かわいいと言われたい男かどうかある程度わかります。

環境のせいにする

【意味】実力のなさを認めること。

【例文】新人というのは、一度環境のせいにすることで初めて、成長することができるのかもしれない。

元旦に土砂降り

【意味】限りなく可能性が低いこと。

【例文】40歳を超えて無職の俺が、理想通りの女性と出会い結婚できるのは元旦に土砂降りだろう。

帰国後のラーメン

【意味】ありがたさを実感すること。

【例文】一人暮らしを始めてわかったんです。実家の両親の、帰国後のラーメンに。

機内で忘れ物を思い出す

【意味】もう手遅れなこと。

【例文】「なあ、俺たちまだやり直せるだろう」「無理よ。機内で忘れ物を思い出したの」

記念受験で合格

【意味】やってみなければわからないことのたとえ。

【例文】総理、それは机上の空論ではないですか？ この政策は記念受験で合格だと思うのですがいかがでしょうか。

君がやりたいことは何？

【意味】説得力があるように聞こえること。

【例文】原告の主張は君がやりたいことは何？ですが、よく考えると理屈が通ってない点がいくつかあります。

キャップを斜めにかぶる

【意味】何かに反抗しようとする様《さま》。

【例文】野党に期待しているのは、キャップを斜めにかぶることなんかじゃない。与党には発想できない、別の視点からの政策だ。

拡散希望

【意味】 内容次第なこと。

打ち合わせをしていると、よく「バズらせたいね」という言葉が出てくるが、身勝手で浅はかな言葉だと思ってしまう。そりゃあ誰だって、できればお金と手間をかけずに話題になってほしいよ。そんな中、SNSなどで「拡散希望」という見出しで送られてくる投稿がある。本当に困っている人や広めるべきニュースであれば別だけれど、なんの根拠もないデマだったり、ステマだったり、そんなのがたくさん送られてくる。拡散希望と書くからには、拡散したくなる内容でなければいけないと思う。魅力のない商品を開発して「買ってください!!」と懇願《こんがん》しているのと同じ。自分の気持ちのたかぶりだけでプロポーズしているのと同じ。拡散させるかどうかは、送り手ではなく受け手が決めることなのだ。

両通り抜けできません

車両通り抜けできま

6-22

キャンプでホームシック

【意味】自業自得で同情の余地がないこと。

【例文】おまえが美大志望というから入学させたんだぞ。なのに今になって「就職先が限られている」なんて、キャンプでホームシックだろう。

急行が止まる駅

【意味】周囲と差を分ける圧倒的な価値。

【例文】就活における勝ち組に共通しているのは、学歴だけではない。急行が止まる駅をどれだけ示せるかどうかである。

餃子のげっぷ

【意味】再現性がとても高いこと。

【例文】あのモノマネタレントのネタは、全部、餃子のげっぷなんだよ。試しに目つむって聞いてみ。

京都目線

【意味】全体を上から見下ろすこと。

【例文】こちらの展望台は、地上200メートルに位置しておりまして、街の夜景を京都目線で眺めることができます。

近所にうまいパン屋がある

【意味】ものすごく恵まれてること。

【例文】当たり前のように留学させてもらっているクラスメイトに言ってしまった。おまえは近所にうまいパン屋がある環境にいるんだぞ、と。

筋肉系テレビ番組

【意味】年末を感じること。

【例文】クリスマスを過ぎると、途端に筋肉系テレビ番組。1年って、ほんとにあっという間ですね。

クラシックバレエを少々

【意味】育ちがよい様《さま》。

【例文】どれだけ努力したって、どれだけ成り上がったって、けっきょくクラシックバレエを少々にはかなわないんですよ。

苦労してない劇団員

【意味】深みがない様《さま》。

【例文】決して味が悪いわけではない。しかし感動に浸《ひた》るほど苦労してない劇団員であることは否定できない。

芸能人の不倫報道

【意味】みんなの大好物。

【例文】さあー、今日の給食は、芸能人の不倫報道であるカレーですよー！　おかわりしてね♪

結婚式呼ばれてない

【意味】小さな嫌味。

【例文】姑《しゅうとめ》が嫁に対して結婚式呼ばれてないを言うのは、いつの時代も同じなのかもしれない。

下痢を覚悟で四川料理

【意味】何かを得るために何かを犠牲にすることのたとえ。

【例文】仕事に家庭に趣味。私はすべて妥協したくないが、下痢を覚悟で四川料理は仕方ないことだとわかっている。

恋人の検索履歴

【意味】見てはいけないもの。

【例文】君はこの組織のことを知りすぎた。君の眼の前にあるのは、恋人の検索履歴なんだよ。

高速のETCのバー

【意味】ギリギリすぎてヒヤヒヤすること。

【例文】うちの夫はいつも、確定申告に行くのが遅くて高速のETCのバーなの。ほんと嫌になっちゃう。

校長先生の話

【意味】終わりが見えない様《さま》。

【例文】たしかに今回のプレゼン準備は校長先生の話だが、そこを乗り越えたチームだけが勝利というゴールにたどり着けるのだ。

コーンポタージュ缶の粒

【意味】すべてを出しきれないこと。

【例文】私が悔しくて悔しくて仕方ないのは、試合に負けたからじゃない。コーンポタージュ缶の粒が悔しいんだ。

ゴキブリを仕留め損ねた夜

【意味】不安で仕方ないこと。

【例文】上京した娘が電話口で泣いていた。本人は大丈夫と言ったが、親としてはゴキブリを仕留め損ねた夜だ。

ご本人登場のリアクション

【意味】ちょっとわざとらしいこと。

【例文】南米のサッカー選手の技術はとても高い。そして、それと同じくらい、ファウルを受けたときの倒れ方がご本人登場のリアクションだ。

強面《こわもて》のクレープ屋

【意味】損をしていること。

【例文】いまだに学歴や家柄で強面のクレープ屋がいる。世界はまだまだ発展途上だと実感する。

公衆トイレの落書き

【意味】どういう経緯でそうなったのか不明なこと。

自分は男子トイレにしか入ったことがないので（でないと大問題に発展）わからないのだけれど、公衆トイレに行くと、ときどき個室の内壁に、謎のメッセージが書かれていることがある。謎の電話番号や謎のメアド、謎のアカウント名……。イケない扉の入り口に立つようで、もう怖くて怖くて仕方ないのだけれど、それよりも何よりも、なぜそこにそれを書くことになったのか気になって仕方ない。昔、高速のサービスエリアのトイレに入ったところ、おどろおどろしい、しかしかなりの達筆で「おやつ」と書いてあった。事の経緯はわからない。真実は便とともに流されてしまったのだから。

さ

サークル活動で忙しい

【意味】誰も頼んでないこと。

【例文】「おい、この部品、誰が発注したやつだ?」「いえ、サークル活動で忙しいはずですが」

最強の動物ランキング

【意味】無意味な空想。

【例文】都心で3LDKとか、諦めた方がよくない？ それどう考えても、うちらには最強の動物ランキングだって。

再現VTRの芝居

【意味】ちょっと大げさである様《さま》。

【例文】そんなのかすり傷だって。男のくせに再現VTRの芝居なのよ、まったくもう。

最低視聴率を更新

【意味】いちいち伝えなくていいこと。

【例文】土日にちょっと子どもと遊んだだけで、子育て感出してくる夫。最低視聴率を更新する発言も鼻につく。

裁判したら勝てる

【意味】実際には実施されないこと。

【例文】このフェス、海外の超有名なアーティストが来るらしいけど、裁判したら勝てるんでしょ？

財布を持ちつつ「ごちそうさま」

【意味】儀礼的虚構の言い換え。

【例文】財布を持ちつつ「ごちそうさま」を言われるくらいなら、何も言わずに静かにしてもらっていた方がいい。

皿に残った最後のひとつ

【意味】気まずい状況。

【例文】日曜日に職場の上司と遭遇した。別に悪いことはしていないけど、なぜか皿に残った最後のひとつだった。

35年ローン

【意味】もう逃げられないこと。

【例文】ここら一帯は俺の庭！　手下たちがウヨウヨいるから、おまえは35年ローンなのだ！　ふははははは！

サンマが捕れない秋

【意味】魅力が半減してしまうこと。

【例文】せっかくかわいい顔してるんだから、ちゃんとメイクしないとサンマが捕れない秋だぞっ！

しいたけのフルコース

【意味】好きか嫌いかで明暗を分けること。

【例文】仕事選びってのは、しいたけのフルコースなんだ。やりたい仕事に就けたら天国。逆なら地獄さ。

自称クリエイター

【意味】信じてはいけないもの。

【例文】優しいだけの上司は自称クリエイターだぞ。時には厳しいことを言ってくれる人を信じなさい。

実家のゴハン

【意味】ホッとすること。

【例文】彼といると、なぜか実家のゴハンなの。ずっと昔から一緒にいるみたいで。運命なのかな。

質問を受け付けない会見

【意味】形だけで意味がないもの。

【例文】立派な婚約指輪をもらったけど、あいつは浮気してた。こんなの値段だけで質問を受け付けない会見だわ。

渋谷の再開発

【意味】伸びしろがすごいこと。

【例文】ここに来て営業の山田の渋谷の再開発が著しい。わが社にとって、もはやエース的な存在だ。

自分で誕生日会を開く

【意味】寂しがり屋の別称。

【例文】うさぎって、自分で誕生日会を開く動物っていうけど、ほんとかな？　何も考えてなさそうだけど。

司法書士にラブレターを頼む

【意味】選ぶ相手を間違えること。

【例文】結婚は2番目に好きな人がいい、とかいうけど、あれウソ。私は完全に司法書士にラブレターを頼んじゃったタイプよ。

車庫入れに手こずる

【意味】他人に見られたくないこと。

【例文】愛妻弁当は嬉しいは嬉しいのですが、ハートが書いてあったりして、ちょっと車庫入れに手こずりますよね。

修学旅行でイキる男子

【意味】愚かで浅はかな様《さま》。

【例文】人類はいまだなお、自ら争いを生み出している。なんて修学旅行でイキる男子なのだろうか。

充電器借りていい？

【意味】他力本願な様《さま》。

【例文】うちの会社はいつから、充電器借りていい？な部下が増えてしまったのだろう。昔はもっと背負ってるやつばかりだったのに。

姑《しゅうとめ》の圧力

【意味】男にはわからないこと。

【例文】ホワイトデーに何も返されない女子の気持ち。きっと姑の圧力なんでしょうね。

シュウマイのグリーンピース

【意味】賛否が分かれること。

【例文】彼の発言はたしかに的を射てるのだが、言い方が辛辣《しんらつ》すぎてシュウマイのグリーンピースになりがちである。

出馬の予定？　ないない

【意味】　言葉と反対の事実が起きていること。

タレントやアスリートが、名声を手にしてから政治の世界に入ってくる、という流れがよくある。そして、その転身のプロセスにおいて、必ず見かけるものがある。それは「出馬されるとお聞きしたのですが」という報道陣の声に「ないない」「あり得ない」と否定することだ。その数週間後、テレビをつけると、駅前で堂々と選挙演説していたりする。出馬ってあんまり先走ってバレちゃいけないことかもしれないけど、「ないない」と言ってたのに、けっきょく出ちゃうのって純然たる嘘つきだし、嘘つきが政治家になるってなんか違和感……お笑いの方たちが「押すなよ！　押すなよ！」と言いながら押されてしまうのと同じで、「ないない」は、政界進出におけるお約束というやつなのかもしれない。

宿泊先のシャワー水圧

【意味】運命を左右するもの。

【例文】多くの人にとって仕事とは、宿泊先のシャワー水圧です。だからこそ、じっくり就職先を考えてほしいのです。

趣味旧車

【意味】経済的余裕がある様《さま》。

【例文】同じ幼稚園のパパ友なのに、なぜかあの人は趣味旧車。きっと実家が金持ちなのだろう。

女子アナ結婚のニュース

【意味】いちいち伝えなくていいこと。

【例文】この勤怠管理ソフトはクラウド上で行き先がすべて把握できるので、会社に女子アナ結婚のニュースなんです。

女子アナとプロ野球選手

【意味】近づけてはいけないもの。

【例文】この洗剤とこの薬品は女子アナとプロ野球選手なので気をつけてください。近づけると有毒なガスが発生することがありますので。

初対面でスリーサイズを聞く

【意味】軽蔑されること。

【例文】能力が追いつかないのは仕方がない。でも、できるのに諦めているのだとしたら、俺はおまえに初対面でスリーサイズを聞くぞ。

知り合いの知り合い

【意味】ほぼ無関係なこと。

【例文】彼が浮気したことと、私たちが離婚することは、知り合いの知り合いです。単純に、もともと性格が合わなかっただけです。

白スニーカー初日

【意味】緊張感に満ちていること。

【例文】結婚披露宴で高砂《たかさご》に座る二人は、離れた席から見ていても白スニーカー初日でした。

神社の境内でダンスバトル

【意味】罰《ばち》当たりなこと。

【例文】神社の境内でダンスバトルした覚えはないのに、今年は大変なことばかり起きる。つらいなあ。

新人にキレるラーメン店主

【意味】味が半減してしまうこと。

【例文】素材にこだわって作ったのに、スープがインスタントじゃ新人にキレるラーメン店主だろう。

スポーツニュースのナレーション

【意味】途中で結果がわかってしまうこと。

【例文】大学受験で英語の問題を解いているとき、もうダメだとスポーツニュースのナレーションでした。

政治家の失言

【意味】永遠に繰り返される失態。

【例文】また夫が不倫をした。男というのは政治家の失言なしには、生きられない生き物なのだろうか。

成人式で暴れる若者

【意味】平和の象徴。

【例文】こちらの銅像は、戦後間もなく建てられました。今では成人式で暴れる若者となっています。

生理的にムリ

【意味】トドメを刺すこと。

【例文】ほら、苦しんでるだろう。ひと思いに、生理的にムリしてやれ。

戦国武将にたとえる

【意味】かえってわかりづらくなること。

【例文】専門用語を使うと戦国武将にたとえることになってしまうので、接客の際はできるだけわかりやすい言葉を選ぶように心がけています。

洗車帰りに土砂降り

【意味】努力が水の泡になること。

【例文】娘は青春時代を受験に費《つい》やしたのに、洗車帰りに土砂降りになってしまった。あまりにも不憫《ふびん》でならない。

銭湯で小タオルを借りる

【意味】勇気に欠けること。

【例文】あのとき覚悟を決めて転職すべきだった。銭湯で小タオルを借りたせいで、一生ここから動けなくなってしまったんだ。

全米が泣いた

【意味】なんの根拠もないこと。

【例文】スゴ腕と言われる鑑識のヤマさんに頼んだが、それでも全米が泣いたらしい。こりゃあシロかもしれんな。

そばと日本酒

【意味】大人のたしなみ。

【例文】50歳で無趣味っていうのも寂しい。何かいいそばと日本酒、ないかな。

そういうご時世だから

【意味】　納得のいかない説明。

ワイドショーを見ていたら、芸能人の不倫のニュースが流れていた。そこで司会者がひと言「不倫報道、続きますね。そういうご時世なんですかね」と。ん？　いやいや、不倫はそのタレントの下心とか油断によるものであって、ご時世のせいじゃないだろう。ご時世のせいにしてしまえば、なんだってまかり通ってしまう。たとえばサラリーマンに置き換えてみると……。↓仕事のやる気が出ない、そういうご時世だから　↓やる気が出ないから出世が遅い、そういうご時世だから　↓出世が遅いから給料が上がらない、そういうご時世だから　↓給料が上がらないから妻が冷たい、そういうご時世だから　↓妻が冷たいから愛せない、そういうご時世だから。……あ、だから不倫するのか。なんだ、あの司会者、間違えてないじゃないか。

月へ行きたい
Stay

星
20
たくさん
水の世

国 珉 亭
勝負
中国麺家
亭
味で勝負!
ラーメン
珉亭

中国 珉

中国 珉 亭 麺
勝 負
中国麺家
亭
味で勝負!
江戸っ子
ラーメン

中国 珉 亭
勝 負
中国麺家
亭
味で勝負!
江戸っ子
ラーメン

た

（た）

大学生バーテンダー

【意味】下心が丸見えな様《さま》。

【例文】あのM&Aは、協力体制なんて言ってるけど実質上の買収だよ。あっちの企業の大学生バーテンダーだもん。

宝くじ当たんないかなー

【意味】現実逃避している状態。

【例文】仕事で結果が出ないからって、会社辞めてどうする？それただの宝くじ当たんないかなーだぞ。

タクシーの運転手にキレる

【意味】高圧的で感じが悪い様《さま》。

【例文】私、タクシーの運転手にキレる人とだけは付き合いたくない。いくら私に優しくても、ね。

立ち食いそばでうどんを頼む

【意味】トリッキーな選択。

【例文】ここはバントで得点圏までランナーを送るのが定石《じょうせき》。そこをあえて強打させて立ち食いそばでうどんを頼んで得点とは、さすが名将。

卓球部のステータス

【意味】近年、飛躍的に向上していること。

【例文】あの半導体メーカーの株価が卓球部のステータスらしい。新しい技術革新が起きているようだ。

タピオカの失速

【意味】誰でも予想がつくこと。

【例文】タピオカの失速を追い求めても、投資では勝てない。チャンスはみんなが気づいてない場所にしか存在しない。

地下鉄の風

【意味】不快な存在。

【例文】言葉で伝えないとわからないみたいだからはっきり言うわ。あなたみたいな男、地下鉄の風でしかないのよ。

担当の者にかわります

【意味】 たらい回しにされる様《さま》。

家電が壊れたり調子が悪くなったときや使い方がわからないとき、メーカーのコールセンターに問い合わせをすると、まあまあの確率でたらい回しにされる。総合窓口→担当窓口へのつなぎはまあ普通だとして、そこから先の「担当の者にかわります」は一体なんなのだろう。担当の者にかわったということは、あなたが担当者なのに、その奥にまた担当者がいるとはどういうことだ？ マトリョーシカか？ ひょっとしてこの人は「担当の者にかわりますという言葉だけを発する担当者」なのではないかと思ってしまう。ラグビーの中継で、選手たちがボールを横にポンポンとテンポよくパスしている姿を見ながら、そんなことを考えてしまった。

チャーハンがうまい店

【意味】期待が膨らむこと。

【例文】憧れていた職場の先輩から、ディナーに誘われました。モテそうだから無理だと思うけど、チャーハンがうまい店になってしまいます。

中1のときの中3

【意味】絶対に敵《かな》わない存在。

【例文】中1のときの中3がいるからこそ、人は限界を超えられる。アスリートを見ているとそう感じる。

通販番組の司会

【意味】ほめ上手なこと。

【例文】モテる男性の共通点は、女性に対して通販番組の司会なところである。

つぶあんかこしあんか

【意味】意見が真っ二つにわかれること。

【例文】同じ政党にもかかわらず、その二人の議員は、政策について、つぶあんかこしあんからしい。

Dをデーと言う

【意味】おじいちゃんおばあちゃんのこと。

【例文】なあ、今年はみんなで旅行に行こう。Dをデーと言う二人も、きっと喜ぶぞー。

ディナーショーに参加する

【意味】熱烈な支持者。

【例文】10年以上、あの議員は当選し続けている。それは地元にディナーショーに参加する人々がたくさんいるからだ。

デカめの電池

【意味】出番が少ないこと。

【例文】私がこの公演でデカめの電池であることはわかっています。それでも全身全霊でやる。それが私の生き方です。

デスクトップが汚い

【意味】心が乱れている様《さま》。

【例文】喝！　あなた、先ほどからデスクトップが汚いですね。御《み》仏《ほとけ》の前ではごまかせませんよ。

電子決済で残高不足

【意味】げんなりすること。

【例文】あなたの見え透いた嘘には、もう電子決済で残高不足なの。さようなら。

電池切れした電動チャリ

【意味】現実の重さを知ること。

【例文】おまえはさっきから成功したときの話しかしていない。芸人なんてそんな甘い世界じゃない。電池切れした電動チャリを知れ。

添付ファイルに50メガ

【意味】とても迷惑なこと。

【例文】ここの通りは、ただでさえ道幅が狭い。それなのに駐輪場からはみ出している自転車がたくさんあるから、さらに添付ファイルに50メガだ。

トイレで昼寝

【意味】実はけっこうバレてること。

【例文】うちの会社はクリーンな社風を売りにしてきたけど、実態はけっこうブラック。トイレで昼寝だと思います。

次会ったとき返すね

【意味】　もう確実に戻ってこないこと。

日本語には「行間」という文化がある。言葉の間や裏側に、言葉の表面とは違う意味があったりする（だからこんな本を書いているのだけれど）。その代表格と言ってもいいのが、会計を立て替えたときや、物を貸した際の「ごめん、次会ったとき返すね」である。これはほぼ確実に返してもらえない。「帰りにATM寄って返すね」「明日のランチは私が払うね」くらいなら返ってくるけれど、次会ったときの「次」はおそらく現世ではない。それなのに、もし仮に「次っていつ？　具体的な日程を決めよう」と詰め寄ったとしたら、こっちがヤバい人になってしまう。世の中は割と不公平にできている。

隣の個室が大学生

【意味】騒音による災害。

【例文】大規模な商業施設の開発で犠牲になるのは立ち退きになる家だけではない。隣の個室が大学生という問題がある。

殿方と言う女子

【意味】企《たくら》みを感じること。

【例文】君の企画はさ、正論は正論なんだけど、殿方と言う女子が足りないんだよ。

ドライブスルーで鍋焼きうどん

【意味】リスクが高いこと。

【例文】夫の投資の仕方は、財テクに興味のない私からしても、ドライブスルーで鍋焼きうどんに見えたんです。

ドリンクバーだけで粘る

【意味】強いメンタルが求められる状況。

【例文】将棋、ダーツ、ビリヤード。ドリンクバーだけで粘るのは、あらゆる勝負ごとにおいて必ずやってくる。

な

懐《なつ》メロと純喫茶

【意味】切っても切れない関係。

【例文】俺と妻は懐メロと純喫茶さ。きっとおじいちゃんおばあちゃんになっても、ケンカしながら一緒にいる。

斜めになって運ばれた弁当

【意味】窮屈そうな様《さま》。

【例文】朝7時台の電車には、できることなら乗りたくない。あんなに斜めになって運ばれた弁当、見てるだけで気分が悪くなる。

生食用の肉

【意味】新鮮さが求められること。

【例文】やっぱりアイドルというのは、時代は変われど、けっきょく生食用の肉は変わらないんです。

ナルシスト夫

【意味】幸せが遠ざかること。

【例文】ほらほら、ため息なんかついてたら、本当にナルシスト夫になっちゃうよ。

何階ですか？

【意味】さりげない優しさ。

【例文】リビングでうとうと昼寝をしてしまった。起きるとブランケットがかけられていた。夫の何階ですか？を感じた。

なるはやで

【意味】 不確かな約束。

数多《あまた》ある日本語の中で、無責任さランキングがあるとしたら「なるはやで」はTOP100くらいにはランクインするのではないだろうか。何かをお願いする際の最低限のマナーは、いつまでにお願い、という期限を決めることだと思う。なるはやで、はその期限を決める責任を放棄している上に、「そうは言っても急いでますよ」というプレッシャーまで含んでいる。そして何より、なるべく早め→なるはやと省略することにより、ちょっとライトな印象に見せかけているところがさらに怖い。一瞬気軽に聞こえるけど、求められている内容はブラックなのだから。本書は「なるはやで」をブラック言語に認定します。

煮物が得意です

【意味】派手さはないが実力は確かなこと。

【例文】あのチームのディフェンダー、煮物が得意ですなんだよ。点取り屋よりチームに不可欠かもしれないぜ。

寝すぎて頭が痛い

【意味】自業自得なこと。

【例文】就活に失敗した？ いやいや、何も情報収集せずに遊び回ってたんだから、寝すぎて頭が痛いだろう。

寝坊して遅刻しました

【意味】正直で好感がもてること。

【例文】メディアは彼女のことをあざとい女優、みたいに書くけど、俺は寝坊して遅刻しましたなんだよね。

寝る前のエアコン設定

【意味】小さなズレが取り返しのつかない結果につながること。

【例文】たったひとつの経営判断が、倒産を招いた。企業経営には、寝る前のエアコン設定がつきものだ。

年末のお笑い芸人

【意味】馬車馬のように働くこと。

【例文】20代の頃の私はとにかく年末のお笑い芸人でした。そこで貯めた資金で、なんとか1号店をオープンさせたのです。

野良犬と一発屋芸人

【意味】最近見かけなくなったもの。

【例文】経理部の田中さん、野良犬と一発屋芸人じゃない？まさか寿《ことぶき》退社かな？

根は悪い人じゃない

【意味】 みんなそうであること。

どれだけ人間として欠落していて、どれだけ嫌われている人でも、近くにいる人はたいてい「根は悪い人じゃないんだけどね」というフォローをする。悪魔の心を持ってこの世に生まれてくる人間なんているはずがないのだから、そりゃあ根っからの悪なんて存在するわけがない。けれど、根は悪い人じゃない、というフォローをされてしまうということは、それさえも疑われてしまっているわけで、その言葉が出たときは、よっぽど根が腐っていると思った方がいい。ちなみに真逆だけれど「根っからのいい人」っていうのも、なかなかどうしてバカにされている感じがする。人としての根っこは、いいでも悪いでもなく、普通がいちばんいいのかもしれない。

は

ハーフタレントの勢力図

【意味】日々激しく変化するもの。

【例文】株というのはハーフタレントの勢力図です。どれだけ敏感かつ迅速《じんそく》に情報を得られるかで運命が決まります。

ハーブがきいてる

【意味】知ったかぶりする様《さま》。

【例文】仕事ができる人は、ハーブがきいてるようなことはしません。わからないことは「わからない」と言うのです。

パイセン

【意味】相手をおちょくること。

【例文】あんだけ節税を唱えていた大臣が脱税？ 世の中をパイセン扱いしすぎだろ。

バイト君

【意味】相手を下に見る様《さま》。

【例文】人種差別は昔より減ったかもしれない。けれど人類がいる限り、バイト君がなくなることはないだろう。

はいはいごめんなさい

【意味】反省していない様《さま》。

【例文】君が万引きしたこと以上に、君のはいはいごめんなさいが、私は許せない。今から警察呼ぶから。

ハイビーム上げたままドライブ

【意味】知らず知らずにものすごい迷惑をかける様《さま》。

【例文】君は自分の業務を全うしようとしているのかもしれないが、実はハイビーム上げたままドライブなんだ。早く気がつかないと。

ハイブランドスニーカーで運動会

【意味】用途が合っていない様《さま》。

【例文】あいつ、仕送りの金をギャンブルにつぎ込んでるらしい。他人が言うことじゃないけど、ハイブランドスニーカーで運動会だと思う。

パトカーにあおり運転

【意味】無謀極まりない様《さま》。

【例文】そのサンダルで富士山に登る？ いやいやさすがにパトカーにあおり運転でしょ。

バレンタインに和菓子

【意味】ちょっと冒険すること。

【例文】若いうちは、バレンタインに和菓子くらいした方がいいんだよ。大人になると踏み外せなくなるからな。

バンダナファッション

【意味】高度なセンスが求められること。

【例文】企画職というのは、その人の感性が問われる仕事。当然、バンダナファッションなわけです。

パンダは肉も食べる

【意味】知りたくなかった事実。

【例文】彼女の大学時代の友人から聞いたんだ。彼女、男を取っ替え引っ替えだったと。パンダは肉も食べる以外の何物でもない。

B型っぽいね

【意味】 複雑な気持ちになること。

血液型による性格診断は、医学的にいちおう根拠があるらしい。血液型によって免疫力がそれぞれ異なるらしく、それが理由で病気にかからないように生活したことに起因していると。それはまあそれとして、なぜか世の中のB型の扱いはなかなか雑だと思う。自分はO型だけれど、「B型っぽいね」と言われたら、ちょっと複雑な気持ちになる。「わがままだよね」「クセが強いよね」と言われているような感覚。そこで、もし面と向かって「わがままですね」と言いづらい人がいたら（言いづらいに決まってるけど）、試しに「B型っぽいですね」と言ってみてください。まったくオブラートには包まれず、関係性は普通に悪化するでしょう。ちなみに類似語に「一人っ子ですか？」もある。

100年に1人の逸材

【意味】数年に一度やってくるもの。

【例文】昔は30℃を超える日なんてそんなになかったのに、今じゃ40℃超えが100年に1人の逸材だもんなあ。

100均で領収書ください

【意味】ちょっと恥ずかしいこと。

【例文】おまえたちよく聞け。学生時代の思い出なんてのはな、100均で領収書くださいくらいでちょうどいいんだよ。

披露宴の席次表

【意味】神経を張りめぐらすこと。

【例文】あの企業のトップは、現場のメンバー一人ひとりにまで披露宴の席次表だ。だからこそ成長企業なのだと思う。

ファミレスで接待

【意味】少しズレている様《さま》。

【例文】今、環境への影響を無視した車が売れるわけがない。あの企業はファミレスで接待している。

夫婦げんかで理詰めする

【意味】なんの生産性もないこと。

【例文】モチベーションの低い社員を抱えることは、企業にとって夫婦げんかで理詰めする状態。採用は慎重に行うべきである。

フードコートの呼び出しベル

【意味】ひどく震えている様《さま》。

【例文】雨に濡《ぬ》れたその子犬はフードコートの呼び出しベルだった。放っておけるはずがなかった。

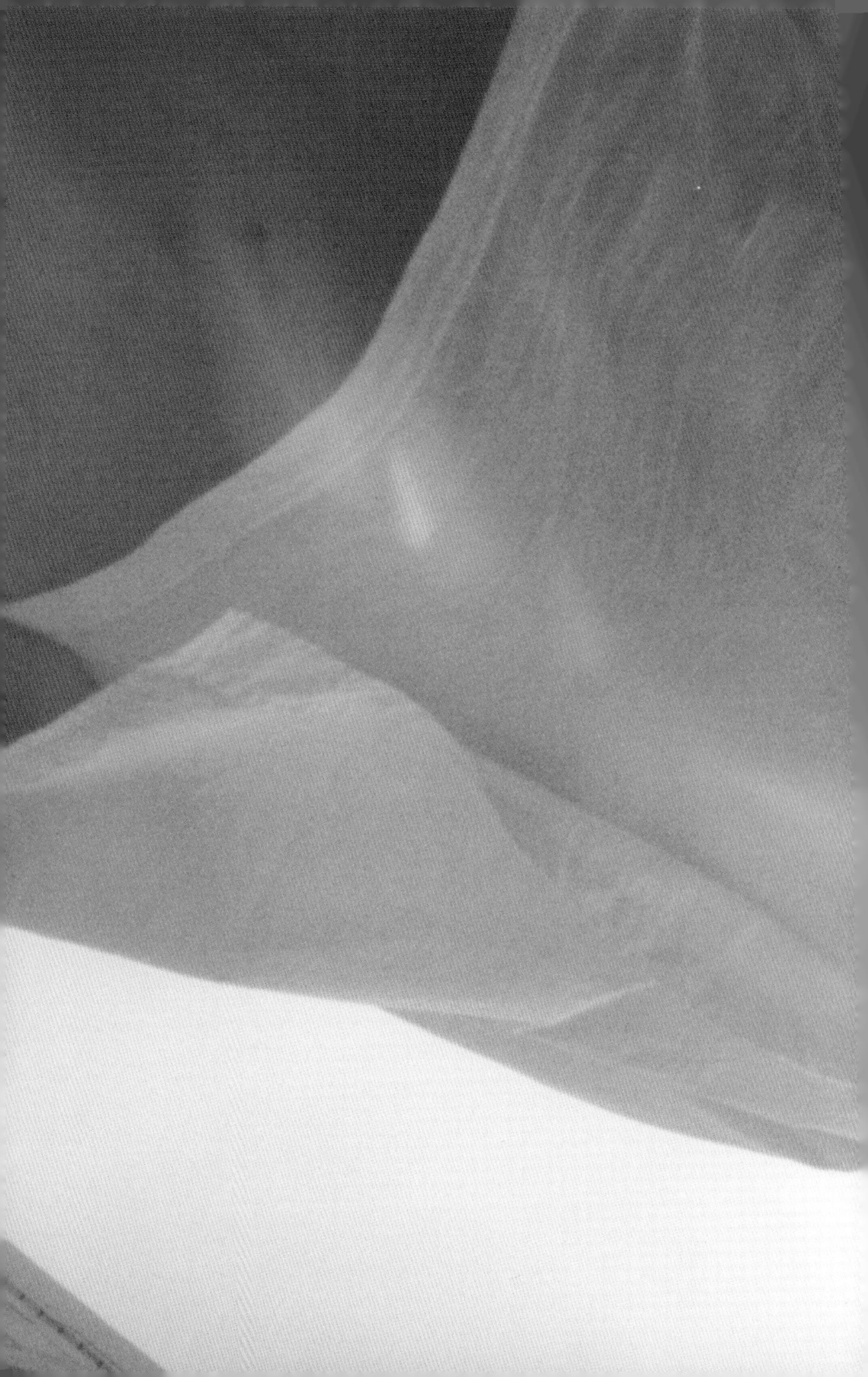

変な話するけど

【意味】 極めて普通の内容。

今から面白いこと言いまーす、と言ってしゃべり始めた人の話は、絶対につまらない。そういう枕詞《まくらことば》を使うセンス自体、もう面白くないからかもしれない。同じように、「要するに」のあとの話は、大体とっ散らかっている。「一瞬いい?」のあとは、なかなか込み入った話になる。枕詞と逆の結果になることはあるあるだ。そのセオリー通り「変な話するけど」のあとに続く話も、極めてノーマルで、誰もが思っている一般論であることが多い。ということで、逆に「私はいたって普通の人間です」と自ら言う人には気をつけた方がいい。日本語はたいていパラドックスなのである。

不動産のバナー広告

【意味】どこまでも追いかけてくること。

【例文】おまえが地球のどこへ逃げようとも、われわれは組織の力で不動産のバナー広告であることを忘れるな！

フラダンサーの体幹

【意味】内に秘めた強さ。

【例文】その少年の眼差しからは、たしかにフラダンサーの体幹を感じた。のちに彼は国を動かす革命家になるのである。

不倫で消える人
消えない人

【意味】境界線がわからないこと。

【例文】この道を挟んで杉並区と中野区? じゃあこの細い道は? なんか不倫で消える人消えない人だなあ。

古い四駆を
乗り回す

【意味】ファッション意識が高いこと。

【例文】やっぱり代官山は違うなあ。すれ違う人みんな、古い四駆を乗り回しているんだもの。

別件でトラブりまして

【意味】体《てい》のいい言い訳。

【例文】別件でトラブりましてばかり重ねて、夫は外をほっつき歩いている。本当は私に言えない予定があるのだろう。

ボイスパーカッションでプロポーズ

【意味】成功する見込みが低いこと。

【例文】日本でそこそこ打った選手でも、メジャーではボイスパーカッションでプロポーズだろう。

ポエティックな彼氏

【意味】扱いに困ること。

【例文】大して仲よくなかった同僚からもらった引っ越し祝い。捨てるのも気が引けるし、ポエティックな彼氏だわあ。

「ほっといてください」という投稿

【意味】火に油を注ぐこと。

【例文】ただでさえ国民は政治不信だというのに、この汚職問題は「ほっといてください」という投稿だろう。

ほめ合う美魔女たち

【意味】世にも恐ろしい状況。

【例文】小学3年の夏休み、幽霊が出ると噂の廃校で、私はほめ合う美魔女たちに遭遇してしまったのです。

本人がいないところでほめる

【意味】限りなく信憑《しんぴょう》性が高いこと。

【例文】わが報道局では、必ず裏を取ってから世の中に発信します。つまり本人がいないところでほめるネタしかないのです。

北欧デザイン

【意味】　絶大な信頼。

テレビの情報番組で、タレントが流行《はや》りのカフェめぐりをしていた。ナレーターが「北欧デザインのインテリアに囲まれながら、北欧の空気を感じてみませんか？」みたいなことを言っている。レポーターのタレントも「さすが北欧ですね」を繰り返す。たしかにオシャレだけど、その理由をすべて北欧にひもづけるのはちょっとやりすぎではないだろうか。どうやら北欧の2文字には、オシャレさやセンスのよさが内包されてしまっているようだ。もし、めちゃめちゃダサくてボロボロの事務机に「北欧」と書いて家具店に置いたら、「ヴィンテージ感が北欧っぽい」とか言われるのだろう。ちなみに、先日仕事でノルウェーに行った。そこで出合う家具や雑貨を見ながら僕は、「さすが北欧だわ〜」を繰り返していた。

ま

マイル貯めてる人貯めてない人

【意味】気持ちの温度差が激しいこと。

【例文】男性の方は好意を抱いていただけど、女性の方はあまり興味がないようで……マイル貯めてる人貯めてない人は一目瞭然でした。

マジっすか

【意味】上手に合いの手を入れること。

【例文】そのシンガーのコンサートでは、彼のコールに対してファンがマジっすかを繰り返すのが名物となっている。

まじめな話をすると

【意味】ようやく本題に入ること。

【例文】日本も参加したその国際会議では論点がしばらくズレていたが、2日目にしてまじめな話をし始めたのである。

○○○からの？

【意味】相手をイライラさせること。

【例文】あいつ、○○○からの？　の天才だよね。たぶん天然なんだと思うけど、だからこそタチが悪いわ。

水虫のハイヒール

【意味】見た目にダマされて痛い目にあうこと。

【例文】野生のカバに遭遇したら気をつけてください。彼らは凶暴で水虫のハイヒールですからね。

ミニバンの便利さ

【意味】一度味わったら元に戻れないこと。

【例文】あのマッサージ店の施術、本当に最高よ。今までのマッサージは何ってくらい、ミニバンの便利さで。

モデルと読モ

【意味】まったく意味が異なること。

【例文】バットを振って三振するのと、見送って三振するのは、同じ三振でもモデルと読モなんだよ。

元ビジュアル系

【意味】時の流れを痛感すること。

【例文】30年前のメンバーでの同窓会ともなると、さすがに元ビジュアル系だよな。みんなそれなりに老けましたねえ。

元ヤン女優の離婚

【意味】はじめからわかっていた結末。

【例文】経営者が現場の空気を知らない。知ろうともしていない。その時点で、倒産は元ヤン女優の離婚だったのだろう。

虫がつかめない

【意味】大人になったという証《あか》し。

一度自転車に乗れるようになると、しばらく乗っていなくても、体が覚えていてまたすぐ乗れるようになる。人間は、一度体験して手に入れた感覚をそんなに簡単に失うことはないと思う。しかし、子どもの頃に触りまくっていた虫に、なんで今は指一本触れることができないのだろう。虫から嫌なことをされたわけでもないのに。あんなに友達だったはずなのに。虫が変わったんじゃない。こっちが変わったんだ。変わってしまったんだ……。虫が、友達ではなく、虫になってしまった瞬間。それが、僕が大人になってしまった瞬間なのかもしれない。子どもの頃に家で虫を飼うことを黙認してくれていた親に、感謝せずにはいられない。

や

焼きの甘いホルモン

【意味】リスクを伴う様《さま》。

【例文】そりゃ一度くらい世界の秘境みたいなところも旅してみたいよ。でも焼きの甘いホルモンを想像するとなかなか現実的じゃないよな。

夜勤明けのキャンプ

【意味】タイミングが悪いこと。

【例文】2番目に気になってた彼から告られたので付き合ったら、その直後に本命から告られた。夜勤明けのキャンプなんですけど。

ヤンキーの優しさ

【意味】ギャップで魅力的だと錯覚してしまうこと。

【例文】ゲレンデで誕生するカップルが多いのは、退屈な日常から抜け出してヤンキーの優しさに触れるからかもしれない。

USBジャック

【意味】ピンチを救う存在。

【例文】普段は冴《さ》えないサラリーマンを装っている彼だが、その正体は、ニューヨークの街におけるUSBジャックなのである。

夕方5時になると流れる曲

【意味】哀愁《あいしゅう》が止まらないこと。

【例文】あの俳優、年齢を重ねてよくなったよな。最近やってたドラマの役なんて夕方5時になると流れる曲だったぜ。

優柔不断な裁判官

【意味】どこか不安になること。

【例文】普段、育児をまったくしない夫に子どもを預けることに。自由な時間は嬉しいけど、優柔不断な裁判官です。

湯豆腐で太る

【意味】常識的に起き得ないこと。

【例文】時間は一定方向にしか流れないことが証明されたわけで、過去にタイムスリップするのは湯豆腐で太ることなのである。

ら

ラーメンにニンニク追加

【意味】明日のことは考えないこと。

【例文】そんなに悩んだってしょうがないじゃん。もうさ、ラーメンにニンニク追加しちゃえばいいんじゃない？

来年のふるさと納税

【意味】存在するか定かでないもの。

【例文】ネッシーやらイエティやら、来年のふるさと納税があるからこそ、世の中は面白いと思うんです。

ラジオ番組のＭＣ

【意味】本当の実力が浮き彫りになること。

【例文】アジアの大会でどれだけ相手を圧倒しても意味がない。欧米の屈強な国々と戦って初めてラジオ番組のＭＣになる。

リストラと早期退職

【意味】 結果は同じでも意味が大きく異なること。

「部長、60で早期退職、別の仕事を始めるらしい」「部長、60でリストラ、別の仕事を始めるらしい」。「60歳で会社をやめる」という事実だけ見れば同じなのに、両者には天国と地獄のようなイメージの差がある。前者は夢がある。ずっとやりたかったこと、いよいよ叶《かな》えるのだろう。長野あたりでペンションでも経営するのかな。夕飯どきはカーペンターズでも弾くのかな。一方後者は、家のローンも残ってるし子どもの学費もかかるし、やりたくもない仕事をやるしかないのだろうと、あらぬ心配をしてしまう。長野でペンションを経営するかもしれないのに。「結果がすべて」という言葉はときどき当てはまらない。よし、リストラされたときのために、長野にめちゃくちゃ儲かるペンションを建てよう。

ランチのお誘い

【意味】勇気を振り絞ること。

【例文】男には、人生の中で何度か、ランチのお誘いをしなければいけない場面がある。それが今なんだ。

離婚の手続き

【意味】カロリーの消費が激しいこと。

【例文】筋トレのために始めたスクワット。思っていたよりも汗をかくし、離婚の手続きだ。ダイエットにもなるかも。

料理番組のアシスタント

【意味】出しゃばらずにわきまえている様《さま》。

【例文】日本人のいいところはたくさんあるが、料理番組のアシスタントであることは世界に誇れる長所だろう。

ルームシェア

【意味】それほど長くは続かないもの。

【例文】この長雨も、いつかはルームシェアになるさ。今は家の中でできることをやろう。本を読んだり映画を観たり。

レモンサワー後のノド

【意味】何か引っかかるような感覚。

【例文】事件は解決している、かのように扱われているのですが、私にはレモンサワー後のノドなんです。刑事の勘、でしかないのですが。

路上ライブでオペラ

【意味】斬新な選択。

【例文】新しい社長は、既成の価値観を嫌う人。まさかここで上場とは、路上ライブでオペラでした。

レジ横の商品

【意味】 つい手が伸びてしまうもの。

日々の生活の中に、思考が止まる瞬間というのがいくつかある。その代表格とも言えるのが、スーパーのレジ待ちである。買うべきものを買い揃えたというささやかな達成感に浸《ひた》り、前の人のカゴの中身をぼーっと見ているとき、おそらく僕の目は死んだ魚の目のようになっている。ふと目を横に向けると、レジの脇に惜しげもなく保存料を使っているであろう100円のみたらし団子が置いてある。冷静な状態だったら手にしないであろうみたらし団子も、死んだ魚の目には琥珀《こはく》色に輝く贈り物に見える。そして気づくとカゴに吸い込まれていく……。スーパーからすれば、死んだ魚ほど釣りやすい魚はいないのかもしれない。

路駐の監視員

【意味】いつの間にか忍び寄っていること。

【例文】人間の油断というのは、路駐の監視員です。自分ではそんなつもりがなくても、やはりどこかで気が緩んでしまうのです。

ロックバンドやってる彼氏

【意味】信じるのが難しいこと。

【例文】相手は去年の県大会優勝校だ。勝利をロックバンドやってる彼氏なのはわかるが、気持ちでもう負けてないか？

わ

ワイハ

【意味】浮かれて地に足がついていない様《さま》。

【例文】県制覇したからって、おまえたちワイハになってないか？ そんなんで全国大会で勝てると思ってるのか？

若く見えますね

【意味】相手を確実に喜ばせる方法。

【例文】その飲食店が予約の取れない店に成長したのは、若く見えますねを続けたからだろう。

若さを武器にする男

【意味】将来が不安なこと。

【例文】地球は温暖化の一途をたどり続けている。専門家たちはみな、若さを武器にする男だと言っている。

ワカメで毛が生える

【意味】 なんの根拠もない話。

ワカメを食べると髪の毛が増える、わけがない。もちろん健康のためには食べた方がいいのだけれど、いろいろ調べてみた結果、発毛や薄毛予防には特に効果がないらしい。ではなんで、そんな都市伝説のような話がまあまあ世の中に浸透してしまったのだろう。黒々としたあのビジュアルのせいだろうか。あるいは「ワカメ」→「若め」みたいな言葉の連想によるものだろうか。どちらにせよ、残念ながらワカメが増毛につながる可能性は極めて薄い。そう、あきらかに薄いのだ。もうみんな、薄々気づいていると思うけれど、このコラムの中身が薄いのも、ワカメに効果がないからかもしれない。

脇毛にストレートパーマ

【意味】意図がよくわからないこと。

【例文】裁判長、先ほどから被告が述べていることは脇毛にストレートパーマであり、本旨《ほんし》から逸脱しています。

私たち付き合ってるよね？

【意味】聞かれるとマズいこと。

【例文】被告人は弁護士と事前に打ち合わせを重ねていたが、私たち付き合ってるよね？を聞かれてしまい、陪審員にマイナスの印象を与えた。

今から15年くらい前、僕はコピーライターになりました。
当時の僕は、コピーライターでありながら、
それこそ独りよがりな妄想や空想ばかりを膨らませていて、
広告主、あるいは視聴者や読者のことを考えていませんでした。

そんなとき、当時の職場の社長にこう言われました。
「人は短所を埋めることができれば、
長所に光が当たるようにできている」と。

そのひと言をきっかけに
「誰かと分かち合える言葉」を探すようになりました。
コピーライターとして、ちゃんと仕事を任されるようになっていったのも
その頃からだと思います。

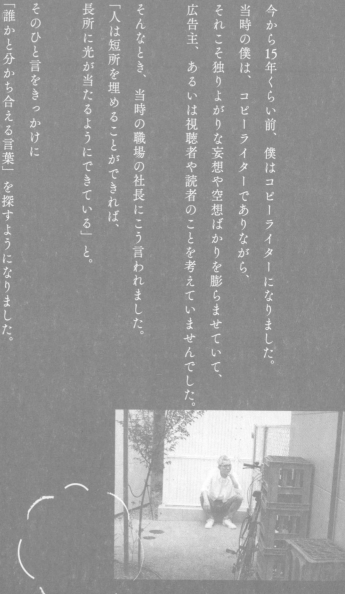

あれから15年。
かつて僕の短所だった妄想癖は、コピーを生み出す燃料として機能し、
こんな本まで作らせてもらえるキッカケにもなりました。

あのとき、社長が言っていた通りになりました。

本書を書くにあたり、また声をかけてくださった編集者の小澤さん。
前作に引き続き最高のアートディレクションを手がけてくれた小杉くん、赤沼さん。
言葉が共存しているのが申し訳ないくらい素敵な写真を撮ってくれた石川さん。
妄想癖のある男を、まさかのまさかで演じていただいた松重豊さん。
最後に、父と母、妻と二人の娘、マイカとレイカへ。
ありがとう。
ほかの言葉が、妄想しても出てこないんです。

二〇二〇年八月
コピーライター
野澤幸司

野澤幸司

茨城県牛久市出身。
竜ヶ崎第一高等学校、
青山学院大学法学部卒業。
ハガキ職人を経てコピーライターに。
普段はいろいろな広告のコピーや
CMを考える仕事をしている。

妄想国語辞典 2

モデル：松重 豊
ヘアメイク：佐伯憂香
スタイリスト：増井芳江
衣装協力：suzuki takayuki

発行日：2020年9月4日 初版第1刷発行

著者：野澤幸司 発行者：久保田榮一
発行所：株式会社 扶桑社 〒105-8070 東京都港区芝浦1-1-1 浜松町ビルディング
☎ 03 6368 8870（編集） ☎ 03 6368 8891（郵便室） www.fusosha.co.jp
印刷・製本：株式会社 廣済堂

アートディレクション：小杉幸一
アートディレクション：赤沼夏希
撮影：石川清以子

協力：松野恵美子 鈴木由香（ZAZOUS）
中川紀彦（本屋B&B）

DTP制作：ビュロー平林
校正：皆川 秀
編集：小澤素子（扶桑社）
撮影協力：ザ・スズナリ／BONUS TRACK／本屋B&B／珉亭

本書は『VVmagazine』に連載していた内容に加筆修正したものです。

 ISBN978-4-594-08533-9